まるわかり！
パラリンピック

雪・氷のうえで競う！ 冬の競技
―アルペンスキー・アイススレッジホッケー ほか―

監修 公益財団法人 日本障がい者スポーツ協会

雪・氷のうえで競う！
冬の5競技

銀世界をかけぬけろ！
アルペンスキー

雪山をスキーで進め！
クロスカントリースキー

呼吸を整え、ねらいを定める！
バイアスロン

体当たりも認められる「氷上の格闘技」！
アイススレッジホッケー

リンクでストーンをあやつる「氷上のチェス」！
車いすカーリング

はじめに

　みなさんは、「パラリンピック」を知っていますか。パラリンピックは4年に一度、オリンピックと同じ年に、オリンピックと同じ都市でおこなわれる障がい者スポーツの国際大会です。パラリンピックということばには、「もうひとつのオリンピック」という意味がこめられています。

　パラリンピックに出場するのは、障がいのあるトップアスリートたちです。目が見えにくい、自分の足で歩くことが難しい、手足を切断しているなど、障がいの種類や程度はひとりひとりちがいますが、用具やルールをくふうして公平に競い合います。

　第1回パラリンピックは、今から50年以上前の1960年に開催されました。当時は、車いすの選手に限定された大会でしたが、その後、そのほかの障がいの選手も出場が認められるようになり、競技も多様化していきました。また、競技全体のレベルも年々レベルアップしてきています。

　『まるわかり！パラリンピック』では、パラリンピックのあゆみや選手たちの活躍、各競技のルールや競技に使われる用具などについて、くわしくまとめてあります。また、選手・スタッフ11名のものがたりも掲載しています。
「世界で活躍している日本人選手がこんなにたくさんいるんだ」
「選手たちの持っている能力を活かした、こんな迫力ある競技があるんだ」
　このシリーズを読んではじめて知ることがたくさんあると思います。
　本を読み終えたら、ぜひ、実際の競技を見てみてください。選手たちが限界をこえる瞬間に立ち会ってみてください。障がい者スポーツの大会は全国各地でおこなわれています。また、インターネットに動画が公開されている競技もあります。そして、4年に一度、パラリンピックの開催年になったら、自分の目でパラリンピックを見てみてください。そこには、みなさんの期待以上に楽しくて感動的な世界が広がっているはずです。

公益財団法人　日本障がい者スポーツ協会

まるわかり！パラリンピック
雪・氷のうえで競う！ 冬の競技
―アルペンスキー・アイススレッジホッケー　ほか―

- 雪・氷のうえで競う！　冬の5競技 ………… 2
- はじめに ………… 6
- **アルペンスキー** ………… 10
- **クロスカントリースキー** ………… 16
- **バイアスロン** ………… 20
- **もっと知りたい！**
- 「ビジュアリーインペアード」の選手をサポートする！ ………… 24

- **アイススレッジホッケー** ………… 26
- **車いすカーリング** ………… 32
- **パラリンピック選手ものがたり**
- アルペンスキー
- 狩野 亮 選手 ………… 37

パラリンピック選手ものがたり

アルペンスキー
村岡桃佳選手……40

パラリンピックを支える人のものがたり

アイススレッジホッケー　日本代表チーム監督
中北浩仁さん……43

さくいん……46

この本の使い方

　パラリンピック（Paralympic）は、4年に一度、オリンピックの終了後にオリンピックの開催都市でおこなわれる、「もうひとつの（Parallel）オリンピック（Olympic）」です。パラリンピックに出場できるのは、厳しい条件をクリアしたトップクラスの選手だけです。

　この本では、パラリンピックについて理解を深めるために、パラリンピックの歴史や競技、記録などについて、わかりやすく解説しています。

- 本文中で（○ページ参照）と書かれたことがらについては、その先のページでよりくわしく説明しています。
- この本で取り上げている情報は、2015年1月現在のものです。
- 調べたいことがらの掲載ページがわからなかったり、気になることがらがあったら、巻末のさくいんを引いてみましょう。さくいんは、50音順にならんでいます。
- 各競技名は、基本的に日本パラリンピック委員会の定める公式の表記にそろえています。
- 冬季パラリンピックの開催年、開催地については、右の表を参考にしてください。

●冬季パラリンピック

回数	年	開催地
第1回	1976年	エンシェルツヴィーク（スウェーデン）
第2回	1980年	ヤイロ（ノルウェー）
第3回	1984年	インスブルック（オーストリア）
第4回	1988年	インスブルック（オーストリア）
第5回	1992年	ティーニュ・アルベールビル（フランス）
第6回	1994年	リレハンメル（ノルウェー）
第7回	1998年	長野（日本）
第8回	2002年	ソルトレークシティ（アメリカ）
第9回	2006年	トリノ（イタリア）
第10回	2010年	バンクーバー（カナダ）
第11回	2014年	ソチ（ロシア）

Alpine Skiing
アルペンスキー

みどころ！ 雪山の斜面を猛スピードですべりおり、旗門を次つぎにクリアしていくようすは華麗で迫力満点です。日本人メダリストも多く誕生している、冬の花形競技です。

▲スキー板が装着された専用の用具（チェアスキー）を使い、斜面をすべる選手。種目によっては、時速100kmをこえることもあるという。写真は谷口彰選手（ソチパラリンピックにて）。

アルプス山脈で生まれた急斜面をすべりおりる競技

アルペンスキーは、雪山の急斜面をすべりおり、そのタイムを競う競技です。アルペンとは「アルプス山脈」を意味する単語で、ヨーロッパのアルプス山脈で生まれたスポーツといわれています。障がいのある人びとによるアルペンスキーは、第二次世界大戦後に戦争で負傷した兵士たちが、レジャーとしてスキーを楽しんだことがはじまりとされています。

アルペンスキーは、1976年の第1回冬季パラリンピックから正式競技に採用されています。当時は「ジャイアントスラローム（大回転）」「スラローム（回転）」（13ページ参照）の2種目がおこなわれましたが、その後、種目が増えたり座位（すわっている状態）の選手の出場が認められたりするなど、じょじょに競技の規模が拡大していきました。

用具を使いこなし自在にすべる

パラリンピックに出場する選手たちの中には、「アウトリガー」と呼ばれるストックや「チェアスキー」という用具を用いて競技をする人たちがいます。選手は、障がいの種類や程度によって適切な用具を使いこなし、抜群のバランス感覚で急な斜面や複雑なコースを猛スピードですべりおりるのです。

視覚障がいの選手は、「ガイド」と呼ばれるスキーヤーが先導し、息のあったすべりでいくつもの旗門を通過して、難コースを走破します。

▲いくつもの旗門が立ちならぶアルペンスキーのコース。いかにスピードを落とさずにターンできるかが、勝負を大きく左右する。

▼「スラローム」という種目で金メダルを獲得した鈴木猛史選手（写真中央）。鈴木選手は「ダウンヒル」という種目でも銅メダルを獲得している（ソチパラリンピックにて）。

▼視覚障がいの選手の競技のようす。ガイド（写真先頭）が声や音で進路を伝える。

日本からも多くのメダリストが誕生

日本では、長野でのパラリンピック自国開催が決定したことをきっかけに、ナショナルチーム体制が組まれ、代表選手の強化が実施されました。その結果、長野パラリンピック（第7回冬季大会）では金メダル2個、銀メダル2個、銅メダル1個を獲得。その後も、国内の大会などで活躍した選手を強化指定選手として合宿や海外派遣をおこない、数多くの選手が世界トップクラスの成績を残しています。

2014年のソチパラリンピック（第11回冬季大会）には12名の代表選手が出場し、計5個のメダルを獲得。大会期間中は悪天候で、雪のコンディションもよくない状況でしたが、狩野亮選手が2種目、鈴木猛史選手が1種目で金メダルを獲得するなど、特にシッティング・カテゴリー（12ページ参照）の選手の活躍が目立ちました。

ルール & 用具編

アルペンスキー

● パラリンピックに参加できる障がい

肢体不自由			視覚障がい	知的障がい
車いす	立位（切断をふくむ）	脳性まひ		

基本のルール

3つのカテゴリーごとに競技をおこなう

パラリンピックでは、「スタンディング（立った状態）」「シッティング（すわった状態）」「ビジュアリーインペアード（視覚障がい）」の3つのカテゴリーに分かれ、男女別に競技をおこないます。また、各カテゴリー内では、選手の障がいの種類や程度、運動機能などによってクラス分けがおこなわれ、クラスによって「係数」が設定されます。この係数は、順位を決定する際に参考にされるしくみとなっています（14ページ参照）。

●カテゴリーとクラス分け●

スタンディング・カテゴリー	シッティング・カテゴリー	ビジュアリーインペアード・カテゴリー
スキーをはいて立った状態ですべる。	「チェアスキー」と呼ばれる専用の競技用具を使ってすべる。	視覚障がいの選手は、「ガイド」と呼ばれるスキーヤーと一緒に競技する。

チェアスキー

ガイド

クラス	障がいの程度	クラス	障がいの程度	クラス	障がいの程度
LW1	重い ↑ 下肢障がい ↓ 軽い	LW10	重い ↑ 脊髄損傷によるまひ、または同等の障がい ↓ 軽い	B1	全盲（視力0）から光覚（光を認識する感覚）まで。
LW2					
LW3				B2	矯正後の診断で視力0.03までか、視野（視力のおよぶ範囲）5度まで。あるいはその両方。
LW4		LW11			
LW5/7	重い ↑ 上肢障がい ↓ 軽い			B3	矯正後の診断で視力0.1までか、視野（視力のおよぶ範囲）20度まで。あるいはその両方。
LW6/8		LW12			
LW9	片上肢および片下肢に障がい				

アルペンスキーの種目

2014年のソチパラリンピック（第11回冬季大会）では、5つのスキー種目がおこなわれました。

スキー種目は、走行距離や「旗門（コースをしめす旗またはポールのこと。赤と青の2色がある）」の立て方のちがいによって次の5種目があります。

ダウンヒル（滑降）

アルペン種目の中でもっとも長い距離を、もっとも速いスピードですべる。旗門の数は少ない。

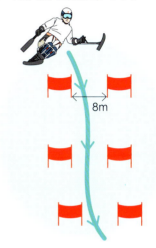

スーパーG（スーパー大回転）

コース上に設置された赤と青の旗門を、ターンの技術を駆使しながら通過する。

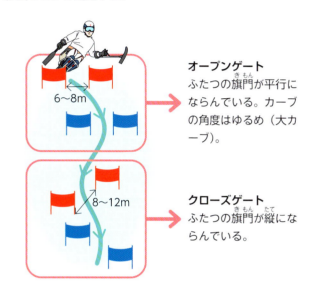

オープンゲート
ふたつの旗門が平行にならんでいる。カーブの角度はゆるめ（大カーブ）。

クローズゲート
ふたつの旗門が縦にならんでいる。

ジャイアントスラローム（大回転）

コース上に50～60本の旗門が立てられ、スピードに加え、高度なターン技術が求められる種目とされている。

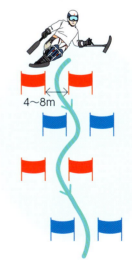

スラローム（回転）

旗門の数がもっとも多く、細かいカーブをすばやく完ぺきに曲がるテクニックが求められる。赤と青のポールが交互に設置されている。

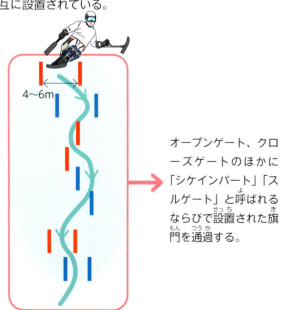

オープンゲート、クローズゲートのほかに「シケインパート」「スルゲート」と呼ばれるならびで設置された旗門を通過する。

スーパーコンバインド（スーパーコンビ）

スーパーGとスラロームを1本ずつすべる。1本めのスーパーGで完走しないと、2本めには進めない。

実走タイムではなく「計算タイム」で順位を決める（計算タイム制）

アルペンスキーは、選手のクラス（障がいの程度）に関係なくカテゴリー別に競技をおこないます（12ページ参照）。そのため、順位の決定は、実走タイムではなく「計算タイム」でおこないます。

計算タイムとは、実走タイムに、「クラスごとに定められた係数」をかけ合わせて記録を出す方法です。こうすることで、障がいの程度にかかわらず、だれもが公平な条件で勝負することができるようになっているのです。

C選手は、実走タイムだと3位だけれど、計算タイムの記録だと2位にあがっているね。

●計算タイムの出し方●

選手の障がいの程度が軽いほど係数が大きくなり（最大100％）、重くなるほど係数が小さくなります。

	実走タイム	係数	計算タイム
A選手	80秒	× 95%	= 76秒
B選手	90秒	× 90%	= 81秒
C選手	100秒	× 80%	= 80秒

●試合の進め方●

試合の流れは種目ごとにことなり、それぞれの種目は、滑走本数や採点方法が次のように決められています。

- **ダウンヒル**…本番のレース前にコースを試走する「公式トレーニング」がおこなわれる。トレーニングのあとに本番のレースを1本のみおこない、そのタイムで順位が決定する。

- **スーパーG**…公式トレーニングはおこなわれず、本番一本のみの勝負。

- **ジャイアントスラローム**…コースを2本すべり、その合計タイムで順位が決定する。

- **スラローム**…ジャイアントスラロームと同様、コースを2本すべる。

- **スーパーコンバインド**…1本めにスーパーG（あるいはスラローム）、2本めにスラローム（あるいはスーパーG）をすべり、その合計タイムで順位を競う。1本めを完走した選手のみ、2本めに進出する権利が与えられる。

ソチパラリンピックから加わった「スノーボードクロス」

2014年のソチパラリンピック（第11回冬季大会）から採用されたスノーボードクロスは、下肢（脚）に障がいのある選手によっておこなわれました。各選手が3本ずつコースをすべり、そのうち速い2本のタイムの合計で順位を決定します。

アルペンスキーの用具

体の安定性を保つくふうをした専用の道具を使用

シッティング・カテゴリーの選手は、スキー板にいすが取りつけられた「チェアスキー」に乗って競技をおこないます。

また、障がいの種類や程度により、通常のスキーで使われるストックではバランスをとることが難しい選手は、「アウトリガー」という用具を使用することができます。アウトリガーは、先端がスキーのようになっていて、バランスが取りやすいつくりとなっています。

● アウトリガー
シッティング・カテゴリーや下肢に障がいがあり体勢が不安定な選手が使用する。

グリップ
手でにぎる場所。

カフ
腕を通して、アウトリガーを固定する。

シャフト
自分に適した長さに調整できる。

ブレード
雪を面でとらえるのでバランスが取りやすくなる。立てればストックのように使うこともできる。

● チェアスキー
それぞれの選手の体型や運動機能などに応じてオーダーメイドでつくられる。日本選手が使うチェアスキーは、世界でも「性能がいい」と評判。

シート
選手の体にフィットするようにつくられている。

アジャスター
角度や高さを調整できるようになっている。

サスペンション
人間のひざのように、雪の上をすべりおりるときに衝撃を吸収する働きをする。

Cross-country Skiing
クロスカントリースキー

みどころ！ 雪のつもる自然のなかを走るクロスカントリースキー。のぼりや急斜面、カーブなど、さまざまな地形を走りぬく「雪原のマラソン」です。

▲ソチパラリンピックにて、クロスカントリースキーにいどむ新田佳浩選手（写真右）。個人種目では4位入賞を果たした。

移動手段としてのスキーが競技に発展

スキー競技には、大きく分けて「アルペンスキー（10ページ参照）」と「ノルディックスキー」の2種類があります。アルペンスキーのルーツがアルプス山脈であるのに対して、ノルディックスキーは北欧（ノルウェー、スウェーデン、フィンランドなど）生まれのスポーツといわれています。

クロスカントリースキーは、ノルディックスキーに分類される競技のひとつですが、もともと移動手段として用いられていたスキーが、競技に発展したものといわれています。パラリンピックでは第1回大会から正式競技に採用されている、歴史ある競技です。

「雪原のマラソン」ともいわれる過酷なレース

　クロスカントリースキーは、スキーをはいて、高低差のある長いコースを走りぬく競技です。激しい運動のため、すべり終えたとたんにたおれこむ選手もおり、「雪原のマラソン」ともいわれています。

　観客はコースの間近でレースを観戦することができるので、選手のはく息の白さや表情、競り合いの熱気を間近で感じることができます。

　日本は、1994年のリレハンメルパラリンピック（第6回冬季大会）から毎大会、代表選手をおくりこんでいます。ソチパラリンピック（第11回冬季大会）では男子、女子、さらに男女混合のリレーでも入賞を果たしました。

▲18歳でパラリンピックに初出場した阿部友里香選手（ソチパラリンピックにて）。

▼「シットスキー」という用具に乗って競技をおこなう久保恒造選手（ソチパラリンピックにて）。

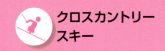

クロスカントリースキー
ルール編

● パラリンピックに参加できる障がい

肢体不自由			視覚障がい	知的障がい
車いす	立位	脳性まひ		

（切断をふくむ）

基本のルール

個人種目はカテゴリー別、リレー種目は混合でおこなう

アルペンスキーと同様、個人種目は「スタンディング（立った状態）」「シッティング（すわった状態）」「ビジュアリーインペアード（視覚障がい）」の3つのカテゴリーに分かれて、男女別に試合をおこないます。

また、クロスカントリースキーには2つのリレー種目があり、リレーの場合は、男女やカテゴリーに関係なく、2人～4人1組で混合チームを組んで競技をおこないます。

●クロスカントリースキーの種目●

	個人種目			リレー種目
	スタンディング・カテゴリー	シッティング・カテゴリー	ビジュアリーインペアード・カテゴリー	男女、カテゴリーによる分類をせず、すべてのクラスの男女の選手が混合で競技する。
	スキーをはいて立った状態ですべる。	「シットスキー」と呼ばれる専用の競技用具を使ってすべる。	視覚障がいの選手が、「ガイド」と呼ばれるスキーヤーと一緒に競技する。	
男子	①20kmクラシカル	①15km	①20kmクラシカル	①ミックスリレー
	②10kmフリー	②10km	②10kmフリー	②オープンリレー
	③1kmスプリントフリー	③1kmスプリント	③1kmスプリントフリー	1走：クラシカル
女子	①15kmクラシカル	①12km	①15kmクラシカル	2走：フリー
	②5kmフリー	②5km	②5kmフリー	3走：クラシカル
	③1kmスプリントフリー	③1kmスプリント	③1kmスプリントフリー	4走：フリー

競技場

屋外の自然の起伏を利用した周回コースで競技をおこないます。選手は、アップダウンの激しいコースを走りきる持久力と精神力が求められます。

コースのイメージ図

コース全体の3分の1はのぼり坂でなくてはならない、などのルールがあるよ。

試合の進め方

種目によって、スタートの方法や順位の決め方がことなります。また、アルペンスキーと同様、「計算タイム制（14ページ参照）」を導入しているため、実走タイムに係数をかけあわせた計算タイムで順位を決定します。

- **クラシカル**…30秒おきに1人ずつスタート（インターバル・スタート）し、それぞれのタイムで順位を決定する。
- **フリー**…インターバル・スタート方式が採用され、それぞれのタイムで順位を決定する。
- **スプリントフリー**…予選は1人ずつ、予選以外の準決勝、決勝などでは、6人または4人でレースをおこなう。タイムではなくゴール順で順位を決定する。
- **リレー種目**…複数のメンバーが順番にすべる。最終走者のゴール順で順位が決定する。

クロスカントリースキーの走法

スタンディング・カテゴリーとビジュアリーインペアード・カテゴリーには、「クラシカル走法」と「フリー走法」というふたつのすべり方があります。

クラシカル走法

スキー板を平行に保ちながら、交互、もしくは左右同時にすべらせて前進する。コース上には専用のカッターでつくられた2本の溝があり、溝にそって進む。

クラシカル走法の種目
男子20kmクラシカル　　女子15kmクラシカル

フリー走法

走法に制限がない。主流は、スキー板を逆ハの字に開いてスケートのように片足ずつすべる進み方（スケーティング走法）。

フリー走法の種目
男子10kmフリー　　女子5kmフリー
男子1kmスプリントフリー　　女子1kmスプリントフリー

Biathlon
バイアスロン

みどころ！ バイアスロンは、クロスカントリースキーと射撃を組み合わせた競技です。長い距離をすべったあとに、呼吸を乱さず射撃をおこなう体力と集中力が求められます。

▲直径わずか15mmの的をねらう久保恒造選手。ソチパラリンピックでは銅メダルを獲得した。

北欧の猟師の姿をルーツにもつ スキーと射撃を組み合わせた競技

銃を背負い、スキーをはいて獲物を追いかける。そんな北欧の猟師の姿をルーツにもち、のちに競技として発展していったのがバイアスロンです。

クロスカントリースキーと射撃の両方をおこなうことから、「2」を意味する「bi」と、「競技」を意味する「athlon」を組み合わせて、「バイアスロン」と名づけられました。

パラリンピックでは、1988年のインスブルックパラリンピック（第4回冬季大会）から正式競技に加わりました。当初は男子のみでおこなわれていましたが、1994年のリレハンメルパラリンピック（第6回冬季大会）からは女子の参加も認められました。

正反対の要素が求められる過酷な競技

のぼり、くだりの坂やカーブなどをふくむ複雑なコースをできるだけ速く走り、射撃では的を確実にうちぬく腕を求められるのがバイアスロンの厳しさです。

射撃は、かならず伏射（地面にふせて銃をかまえる姿勢）でうたなければなりません。また、的をひとつでも外すとペナルティ（22ページ参照）が加算されます。スキーで全力を出せば息づかいも荒くなり、銃口はブレやすくなってしまいます。かといって、射撃成績を気にしてスキーの速度をおさえれば、タイムが下がってしまいます。こうしたまったく反対の要素を組み合わせているのが、バイアスロンのおもしろいところでもあります。射撃の結果によって大きく順位が変動するため、最後まで勝負のゆくえがわからない緊張感も魅力のひとつです。

▲正座をするような姿勢でシットスキーにすわり、競技する選手。体をしっかりといすに固定させ、腕の力で前進する。

▲視覚障がいの選手は「ビームライフル」というライフルを使って射撃をおこなう。ビームライフルは音で的の位置を把握するため、ヘッドフォンを装着する。

▼クロスカントリースキーのコースをまわる選手。バイアスロンには、最後まで力を出し切るねばり強さが求められる。

日本代表選手のパラリンピックでの活躍

日本は、1994年のリレハンメルパラリンピックから毎大会、代表選手を送りこんでいます。2014年のソチパラリンピック（第11回冬季大会）では久保恒造選手が銅メダルを獲得しました。また、日本障害者スキー連盟では若手の発掘・育成にも力を入れており、ソチパラリンピックには3名の高校生選手（当時）が出場。今後のさらなる活躍が期待されています。

バイアスロン
ルール&用具編

● パラリンピックに参加できる障がい

肢体不自由			視覚障がい	知的障がい
車いす	立位	脳性まひ		
	(切断をふくむ)			

基本のルール

的を外すとペナルティが課せられる

クロスカントリースキーと射撃を交互におこない、競技タイムと射撃の成績を総合して順位を決定します。種目は、「ショート」「ミドル」「ロング」の3種類があります。選手はアップダウンのあるコースを一周したあと射撃をおこない、再びコースにもどるという流れを、決められた回数分こなします。どの種目も、射撃で的を外すとペナルティが課せられるしくみとなっています。

バイアスロンの種目

	競技内容		ペナルティ
	男子	女子	
ショート	●クロスカントリー（距離）7.5km（2.5km×3回） ●射撃（回数）2回（各5射）	●クロスカントリー（距離）6km（2km×3回） ●射撃（回数）2回（各5射）	射撃で外した回数分、150mのペナルティループをまわる。
ミドル	●クロスカントリー（距離）12.5km（2.5km×5回） ●射撃（回数）4回（各5射）	●クロスカントリー（距離）10km（2km×5回） ●射撃（回数）4回（各5射）	射撃で外した回数分、150mのペナルティループをまわる。
ロング	●クロスカントリー（距離）15km（3km×5回） ●射撃（回数）4回（各5射）	●クロスカントリー（距離）12.5km（2.5km×5回） ●射撃（回数）4回（各5射）	射撃で外した回数×1分が競技タイムに加算される。

競技の流れ

1 スタートしクロスカントリースキーのコースを一周する。

2 一周したあとに射撃。1回につき5発うつ。

一発でも的を外すと…

3 ショートとミドルでは、的を外した回数分、ペナルティループをまわる。

すべての的に当たれば…

3 再びクロスカントリースキーのコースへもどる。

 各種目ごとに定められた回数分、周回と射撃をこなすとゴールとなるよ。

ロングはペナルティループはなし。かわりに、ペナルティタイムが加算される。

バイアスロンの用具

クロスカントリースキーでも使用する「シットスキー」と安全性の高い「ライフル」

バイアスロンの試合は、クロスカントリースキーと同様、「スタンディング」「シッティング」「ビジュアリーインペアード（視覚障がい）」のカテゴリーごとにおこなわれます（18ページ参照）。シッティング・カテゴリーの選手は「シットスキー」という用具にすわって競技をおこないます。

また、射撃に用いるライフルはオリンピックとはことなり、火薬銃を使用しません。スタンディングとシッティング・カテゴリーの選手は「エアライフル」、ビジュアリーインペアード・カテゴリーの選手は「ビームライフル」を使用します。

● シットスキー

アルペンスキーのチェアスキーよりもシンプルで、スピードを追求した構造となっている。

着座シート
陸上競技の競技用車いす（レーサー）のように、日本では正座の体勢ですわるタイプのものが主流となっている。正座タイプのシットスキーを世界で最初に取り入れたのは久保恒造選手。久保選手は陸上競技をやっていた経験があり、その発想をシットスキーに応用した。

フレーム
用具が軽ければ軽いほどスピードが出るため、アルミ製の細いパイプでつくられている。

スキー
2本のスキー板を設置し、体勢を安定させる。

● エアライフル・ビームライフル

▼エアライフル

弾の大きさは4.5mmで、10m先にある直径15mmの的をねらうよ。

▼ビームライフル

銃口
先端から赤外線レーザーが出る。

的
レーザーが当たると緑、外れると赤色に変わる。

10m先にある直径28mmの的をねらうよ。

> もっと知りたい！

「ビジュアリーインペアード」の選手をサポートする！

　アルペンスキー、クロスカントリースキー、バイアスロンのスキー3競技は、3つのカテゴリーに分かれて競技をおこないますが、そのうち視覚障がいの選手が参加する「ビジュアリーインペアード・カテゴリー」では、「ガイド」と呼ばれるスキーヤーが選手と一緒にコースをすべることが認められています。

　ガイドは、視覚障がいの選手の前を走り、あとに続く選手を先導します。選手は、声や音による指示を頼りに競技をおこなうのです。そのためガイドには、的確にコースを取り、それを選手に伝える能力が求められます。ガイドと選手が抜群のコンビネーションで急斜面を猛スピードでかけおりたり、長いコースを走りぬくようすは、ビジュアリーインペアード・カテゴリーならではの見どころです。

　また、バイアスロンの射撃では、視力のかわりに聴覚を使って的の位置を探りあてるためのくふうがされています。

先頭をすべるガイドの指示にしたがってコースをすべる

ビジュアリーインペアードの選手

コースを目で確認することのできない選手にかわり、指示を出す

ガイド

▲アルペンスキーのビジュアリーインペアード・カテゴリーの競技のようす。ガイドには、選手と同じスピード、レベルですべるスキー技術が要求される。

●アルペンスキー・クロスカントリースキー

ガイドの多くは、うしろに続く選手にしっかりと声が伝わるよう、口元にマイク、腰にスピーカーを装着しています。ガイドは旗門の位置や左右のカーブ、アップダウンなどの状況を選手に伝えながらすべります。

マイク

●バイアスロン

ビームライフル
ヘッドフォン

クロスカントリースキーと射撃を組み合わせたバイアスロンでは、ガイドとともにコースを周回するほかに、射撃の際に「ビームライフル」という専用のライフルを使用します（23ページ参照）。ヘッドフォンを装着すると「ピー」という高い音が聞こえ、音の強弱によって的の中心をとらえ、ねらいを定めます。

ビジュアリーインペアード・カテゴリーでは、選手がメダルを獲得した場合は、ガイドにも同じ色のメダルが授与されることになっているよ。

Ice Sledge Hockey
アイススレッジホッケー

みどころ！ 別名「氷上の格闘技」とも呼ばれるアイススレッジホッケー。選手はスレッジ（そり）に乗ってリンクの中を自在に動きまわります。ときには選手どうしがぶつかり合う激しいプレーがくりひろげられます。

▲バンクーバーパラリンピックの決勝戦にて、金メダルをかけてアメリカと激戦をくりひろげる日本代表チーム。

欧米で人気の高い冬の障がい者スポーツ

　アイススレッジホッケーはスウェーデンが発祥の地とされていて、特にアイスホッケーがさかんな北欧やアメリカ、カナダなどを中心に広まりました。パラリンピックでは、1994年のリレハンメルパラリンピック（第6回冬季大会）から、正式競技として採用されています。日本では、長野パラリンピック（第7回冬季大会)の開催をきっかけに、1993年ごろに競技が伝わりました。

　アイススレッジホッケーは、下肢（脚）に障がいのある選手がスレッジ（そり）に乗り、スティック（ぼう）で「パック」というゴム製の円盤をあやつりながらゴールを目指すスポーツです。体当たり（ボディチェック）が認められているため、選手どうしがぶつかり合うことはしょっちゅうです。リンク内にはその衝撃音が響きわたり、迫力満点です。

強豪を破り、バンクーバーパラリンピックで銀メダルを手に

2015年1月現在、国内にはアイススレッジホッケーのチームが4つあり、この4チームに所属する選手たちの中から日本代表チームの選手が選ばれるしくみとなっています。

日本は、1998年の長野パラリンピックで初出場し、バンクーバーパラリンピック（第10回冬季大会）まで、4大会連続でパラリンピックに出ています。長野、ソルトレークシティ、トリノと3大会続けて5位に入賞。そして2010年のバンクーバーパラリンピックでは、準決勝で強豪カナダに勝ち、銀メダルを獲得しました。

▼バンクーバーパラリンピックの予選リーグにて、5対0で韓国チームに圧勝した日本。この勝利が自信につながり、日本代表チームを銀メダルに導いた。

▼キャプテン（当時）の遠藤隆行選手は世界トップのスピードを誇る。パラリンピックの精神を実践し、世界を感動させた選手におくられる「ファン・ヨンデ功績賞」も受賞している（バンクーバーパラリンピックにて）。

▲アイススレッジホッケーには、相手チームの選手に当たり負けしない筋力や持久力、瞬発力などが求められる。

世界の頂点を目指して

アイススレッジホッケーの場合、世界選手権の上位5か国と、最終予選で勝ち残った3か国（計8か国）にパラリンピックへの出場権が与えられます。2014年のソチパラリンピック（第11回冬季大会）では、日本代表チームは最終予選にやぶれ、パラリンピックに出場できませんでした。

現在、アイススレッジホッケーの競技人口は50人ほどで、国内の選手層がうすいことが課題とされています。日本アイススレッジホッケー協会では、競技の知名度アップと競技活動の全国展開を目標にして、全国で講習会を開いています。かつて手にしたメダルのさらに上、「世界の頂点を目指して」選手たちは日々、練習に励んでいます。

アイススレッジホッケー
ルール & 用具編

●パラリンピックに参加できる障がい

肢体不自由：車いす／立位（切断をふくむ）／脳性まひ

視覚障がい

知的障がい

🏒 基本のルール

6人のプレーヤーはいつでも選手交代できる

　アイススレッジホッケーのルールは、オリンピックのアイスホッケーとほぼ同じです。

　リンクでプレーするのは、ゴールキーパーをふくめて6人ですが、選手交代はいつでも可能です。体力の消耗が激しいスポーツのため、選手たちはゲームの流れをうまく読み取りながら、ひんぱんに選手交代をくり返し、チーム力を維持しながら試合を進めていきます。

▲1チームはベンチ入りの選手をふくめ、15名まで登録できる。

●リンクでプレーする6名のポジション

ゴールキーパー（1名）	ディフェンス（2名）	センターフォワード（1名）	ウイング（2名）
専用のスティックを使ってゴールを守る。	おもに守備を担当する。センターフォワードと連携して、相手チームの攻撃を阻止する。	おもにリンクの中央でプレーし、ディフェンスとウイングの両方をフォローする。	おもに攻撃を担当する。スピード、シュート力、パックのキープ力が要求される。

競技場

アイスホッケーと同じリンクを使用します。リンクのサイズは長さ55〜61メートル×幅26〜30メートル。リンクの両端から4メートル離れたところにゴールラインが引かれ、その中央にゴールポストが置かれています。

フェンス
アイスリンクの周囲はフェンスで囲われ、パックが観客席に飛ばないようになっている。

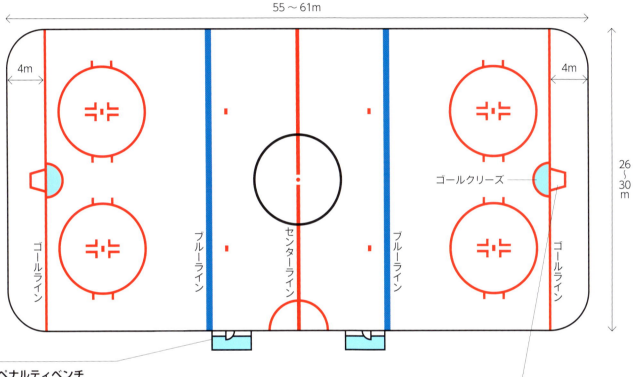

ペナルティベンチ
反則をした選手が、一定時間、待機をする場所。選手がスレッジに乗ったまま試合を見られるよう、透明なフェンスが設置されている。

ゴール
サイズは高さ1.22m、幅1.83m。ゴールの前面には「ゴールクリーズ」というエリアがある。ゴールキーパー以外の選手がこのエリアでプレーすると、反則となる。

試合の進め方

審判がリンクの中央にパックを落とし、両チームがうばい合う「フェイスオフ」で、試合を開始します。選手はスティックを使ってパックをパスし、相手チームのゴールに向かってシュートをします。

得点の入り方

パックがゴールラインを完全にこえてゴールに入ると1点の得点となります。ゴールライン上にパックの一部が重なっている状態では、得点にカウントされません。

競技時間

試合は1ピリオド15分で、3ピリオドの計45分おこないます。それぞれのピリオドのあいだには15分の「インターバル(休憩)」があります。同点の場合は延長戦をおこない、先に得点をあげたチームの勝利となります。

試合開始
↓
15分　第1ピリオド
　　　インターバル
15分　第2ピリオド
　　　インターバル
15分　第3ピリオド
↓
試合終了

おもな反則

アイススレッジホッケーでは、選手どうしの体当たり（ボディチェック）が認められています。ケガをふせぎ、公正に試合を進めるために、危険な行為に対しては、退場など、厳しい罰則が決められています。

● マイナーペナルティ
相手を転ばせたり、パックをつかんでゲームの進行を遅らせたりした場合、2分間の退場となり、チームは欠員のまま試合を続ける。

● ミスコンダクトペナルティ
リンクの外にスティックを投げ出したり、審判に対して暴言をはいたりした場合、10分間の退場となり、交代選手が出場する。

アイススレッジホッケーの用具

選手たちのすばやい動きを支える「スレッジ」と「スティック」

アイススレッジホッケーでは、スレッジ(そり)に乗ることによって、下肢(脚)に障がいのある選手も、氷の上を自由に動きまわることができます。

また、両手に持つスティックは、氷の上をこいで前進したり、パスやシュートをするときに使います。

● スティック
全長1メートル以下であれば素材は自由。カーボン製や木製のものが多く使われている。

ブレード
パックを当てて、パスやシュートをおこなう。

ピック
氷をかくために、先のとがった爪が装着されている。

選手が着ている防具やゴール、パックなどは、アイスホッケーと同じものが使われているよ。

● スレッジ

スレッジのかたちは、選手の障がいの程度によって、全長の長いものや短いものがある。

フットベルト
試合中、足がフレームの外に出ないよう、フットベルトで足を固定することが義務づけられている。

バケットシート
選手はここにすわり、体を固定する。激しいぶつかり合いに耐えながら、すばやく動きまわれるよう、じょうぶで軽いつくりになっている。

刃
アイススレッジ専用の2枚の刃が装着されている。この刃の間隔は動きやすさや安定性を左右するため、ポジションによってことなる。

フットガード
固定した足を守る部分。試合中、もっともぶつかり合うことの多い部分で、使いこまれたスレッジには傷も多い。

ゴールキーパーの使うスレッジには、あぐらをかいた姿勢ですわれるようなかたちをしているものもあるよ。

ゴールキーパー

Wheelchair Curling
車いすカーリング

みどころ！ 丸いストーンをアイスリンクにすべらせ、得点を競います。アイスの状況に応じた作戦を組み立てる能力が求められ、「氷上のチェス」とも呼ばれています。

▲カーリングは、めんみつな作戦とストーンの進路をコントロールする技術が勝負のゆくえを左右します。

トリノパラリンピックから正式競技に

カーリングは、16世紀にスコットランド、あるいは北欧で生まれたスポーツといわれています。ヨーロッパや北米では、老若男女が楽しめるウィンタースポーツとして多くの人びとに親しまれています。

パラリンピックでは、2006年のトリノパラリンピック（第9回冬季大会）から正式競技として採用されました。パラリンピックのカーリングは、選手が車いすに乗って競技をおこないます。

作戦を組み立ててたたかう頭脳戦が見どころ

車いすカーリングは、リンク上にある「ハウス」と呼ばれる円に向かって、2つのチームが互いにストーンを投げあい、得点を競う競技です。

一見シンプルなたたかいに見えますが、刻々と変化する氷の状況に応じて、ストーンを投げる強さや回転のかけかたを変えるなど、細かなテクニックを駆使した作戦が必要とされる頭脳派の競技です。そのため試合は、一投ごとに息がつまるような緊迫感に満ちています。

▲自分のストーンを相手チームのストーンに当て、ハウスからはじき出すプレー（テイクアウト）もある。

次期パラリンピックの出場を目指す日本代表チーム

日本では、関東に住んでいるスポーツ好きの重度の障がい者が、「自分にもできるスポーツはないだろうか」と探していたところ、激しい動きがなく、限られた運動機能でもじゅうぶんに競技できる車いすカーリングに出会い、競技が普及していったといわれています。1998年に長野で冬季オリンピック・パラリンピックが開催されており、身近にカーリング競技者がいたことや専用の施設があったことなどが、新しいスポーツを受け入れるうえで大きな助けとなりました。

2004年には仲間を集めて体験会を実施、その後、第1回日本選手権が開催され、長野、山梨、埼玉のチームが参加しました。2005年には世界選手権に出場し、2010年にはバンクーバーパラリンピック（第10回冬季大会）への出場も果たしています。

現在、日本の世界ランキングは15位です。パラリンピックの出場権を得るためにはランキングの10位以内にランクインしなければならず、日本代表チームは次期パラリンピックへの出場を目指して、練習に励んでいます。

▼手前が投球エリアで、奥に見えるハウスに向かってストーンを投球する。

車いすカーリング
ルール & 用具編

●パラリンピックに参加できる障がい

肢体不自由			視覚障がい	知的障がい
車いす	立位	脳性まひ		

基本のルール

男女混合、障がいのカテゴリーなくチームをつくれるスポーツ

車いすカーリングは、男女混合4人のチームで対戦します。ほかの多くのパラリンピック競技とことなるのは、障がいの種類や程度によるカテゴリー分けがなく、選手の年齢も若い人から年配者まで幅広いことです。

ルールは、オリンピックのカーリングとほとんど変わりませんが、「車いすで競技する」ということを考慮して、一部規則が変更されています。

▲男女混合で競技する日本代表チーム。

●オリンピックとのちがい●

	デリバリー	スイーピング	投球する位置
	ストーンを氷上に投げる一連の動作。	リンクをブラシでこすること（ストーンがスムーズに進む役割を果たす）。	ストーンを氷上に投げる際の位置。
オリンピック	ストーンのハンドルをにぎり、投球する。	投球しない選手は、ストーンの進路の前をブラシでこすり、ストーンの動きを調整する。	シートの両端に設置されている「ハック」というけり台に足をかけ、投球する。
パラリンピック	「デリバリースティック」と呼ばれる用具を使って投球してもよい。	スイーピングはおこなわない。投球しない選手は、投球する選手のサポートにまわり車いすの固定などをおこなう。	車いすラインの範囲内（クリーム色の部分）から投球する。

競技場

オリンピックと同じリンクを使用します。カーリングをおこなう長さ45.7メートル、幅5メートルのエリアを「シート」と呼びます。シートの両側には、ストーンを投げ入れる「ハウス」と呼ばれる円がえがかれています。

投げたストーンは、ホッグラインをこえないと無効となり、バックラインをこえても無効となります。無効となったストーンは、シートから取りはらわれます。

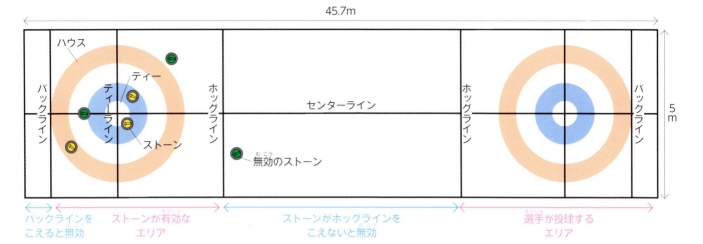

試合の進め方

❶まず、各チームの代表者がラストストーンドロー（ハウスの中心に向かってストーンを投げ、距離を競う）をおこない、先攻・後攻を決めます。カーリングは、後攻のチームが圧倒的に有利とされているため、勝ったチームが後攻を選ぶのが一般的です。

❷2チームの選手が、ハウスに向かって交互にストーンを投げ合います。全員が2回ずつストーンを投げたところで1エンド終了となります（計16個のストーンを使用）。

❸1エンドが終わったら、得点をカウントします（36ページ参照）。

❹得点をとったチームを先攻として、2エンドを開始します。これを8エンドまでくり返します（2エンド以降は、前のエンドで得点をとったチームが先攻となる）。

❺8エンドまでの合計点が高かったほうが勝者となります。

ポジションと役割

カーリングは、1チーム4名でプレーする競技ですが、投球の順番によってポジションと役割が決められています。ほかの選手が投球するときは、サポート（投球する選手の車いすを固定するなど）にまわったり、指示を出したりします。

ポジション		1投目	2投目	3投目	4投目
リード	チームで最初にストーンを投げる。スキップの指示を受け、ストーンを投球する。	投げる	サポート	サポート	サポート
セカンド	2番目にストーンを投げる。相手のストーンをうまくはじき出す技術などが求められる。	サポート	投げる	サポート	サポート
サード	3番目にストーンを投げる。スキップが投球するときは場所を入れかわり、ハウスから指示を出す。	サポート	サポート	投げる	指示
スキップ（リーダー）	4番目にストーンを投げる。チームの司令塔であり、ハウスからチームメイトに指示を出す。	指示	指示	指示	投げる

●得点の入り方

1エンドが終わったときに、ハウスの中心にもっとも近いストーン（❶）があるチームがそのエンドの勝者となり、得点が入ります。得点は、負けたチームの一番中心に近いストーン（❷）から内側にある勝ちチームのストーンが、1つにつき1点としてカウントされます。負けたチームはそのエンドは0点です。

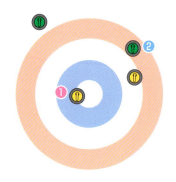

▲緑が0点、黄が2点になる。

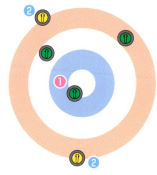

▲緑が3点、黄が0点になる。

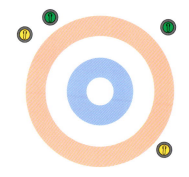

▲緑が0点、黄が0点になる（ハウスの外にあるストーンは得点にならない）。

カーリングの用具

手のかわりに「デリバリースティック」で投球する

選手は、手または「デリバリースティック」という用具を用いて投球します。デリバリースティックとは、かがんだ状態で投球することが難しい人でも競技できるように開発されたぼうのことです。ストーンは一般のカーリングと同じものが使われます。また、ほかの車いす競技とはことなり、車いすカーリングには「競技用車いす」が存在しません。日常生活用の車いすを改良するなどして競技をおこないます。

●デリバリースティック

手のかわりに用いる専用のぼう。先端はストーンのハンドルにはめこむつくりとなっている。

●ストーン

直径約30cm、重さ約20kgの石。上部にハンドル（持ち手）がある。国際大会ではスコットランド産の花崗岩のストーンが使われる。

▲ストーンにデリバリースティックをはめているところ。

パラリンピック 選手ものがたり

アルペンスキー
狩野 亮 選手

はじめて出場したパラリンピックで力を出し切れず、そのくやしさをバネに努力して、2大会連続で金メダルを獲得しました。

▲3度目の出場となるソチパラリンピックでは、ダウンヒルとスーパーGの2種目で金メダルを獲得した。

▶ 雪の上なら自由に動きまわれる

狩野選手は小学校3年生のとき、学校に通う途中で交通事故にあいました。一時は生死をさまようほどの大ケガで、脊髄を痛めて足が動かなくなり、車いす生活になりました。

ふさぎがちだった狩野選手に、お母さんが「みんなでスキーに行こう」とさそいました。北海道網走市で生まれた狩野選手にとって、小さいころからスキーは身近な遊びのひとつだったのです。狩野選手は、はじめてチェアスキーにすわって、おそるおそる雪山をすべってみました。

「最初は、立ってスキーがしたいと泣いていました」

それでも、ふだんは車いすで不自由なことも多かったので、雪の上でほかの人たちと同じようにスピードを上げて自由に動きまわれることを、とてもうれしく感じました。

中学1年生の時、長野パラリンピック（第7回冬季大会）がありました。そこでチェアスキーを自由に操り、ものすごいスピードで雪の斜面をすべっていく選手たちの姿に目がくぎづけになりました。

「ぼくもこんなスキーをやってみたい！」

競技としてのスキーに目覚めた瞬間でした。

くやしさだけが残ったはじめてのパラリンピック

　狩野選手のお父さんは、一般の人たちにスキーを教える指導員をしていました。そこで狩野選手もお父さんの指導を受けながら練習を積み、中学生の時から全国大会にも出るほどの力をつけていきました。また、大会では同じアルペンスキーの選手たちから、チェアスキーならではの技術を学びました。

　高校生になると、ナショナルチームのジュニア育成選手に選ばれました。

　岩手大学に進学し、福祉システム工学科で学びながらスキー部で練習を重ねて、2年生のときにパラリンピック出場が決まりました。

　ところが最初のトリノパラリンピック（第9回冬季大会）では、惨敗をしてしまいます。スラロームとジャイアントスラロームの2種目に出場しましたが、スラロームでは27位、ジャイアントスラロームでは途中で転倒して、ゴールすることすらできませんでした。

　「このとき、自分のあまさを痛感しました。これまで夜おそくまで友人と遊んだり、好きなものを気にせず食べていました。そうした生活をしていては、世界では通用しない。勝ちたいならすべてを変えなければと思いました」

▼ゴール後の狩野選手（ソチパラリンピックにて）。大会中は悪天候に見まわれ、途中でリタイアする選手も多くいたが、高いスキルでコースをすべりきった。

環境にめぐまれて競技に集中 金メダルに手がとどいた！

　次のバンクーバーパラリンピック（第10回冬季大会）に向けての4年間がスタートしました。狩野選手はスキーの練習に加え、筋力をきたえ、体をしぼりこむ厳しいトレーニングを続けました。そして大学4年生になると、将来を考えて独自の就職活動をはじめました。2年後のパラリンピックを目指すために、自分を選手として、企業にサポートしてほしいと考えたのです。なぜなら、アルペンスキーでパラリンピックに出場するためには、いくつもの世界大会に出場して上位の成績をおさめ、ポイントを獲得していかなければなりません。そのため海外遠征も多く、一般の会社で働きながらの両立はとても難しかったからです。

　「自分の目標や、トリノで感じたくやしい思いをまとめた資料をつくり、履歴書と一緒に約130社の企業に送りました」

　すると大手アミューズメント会社の社長が、狩野選手の熱意を受け止めてくれました。そこで社員として採用され、選手活動の支援もしてくれることになりました。

　練習に集中できる環境を得た狩野選手は、得意の高速ターンにみがきをかけ、トップ選手に迫る記録を出しました。周辺の期待も高まるなかでむかえたバンクーバーパラリンピック。

　「4年前とはちがう自分を、ちゃんと見せよう」

　狩野選手はアルペンスキーの5種目すべてに出場。特にメダルをねらったのがダウンヒルでしたが、そのために緊張して力が入りすぎ、自分らしいすべりができずに終わりました。それでも結果は3位の銅メダルでした。

　「これで少しホッとして、翌日のスーパーGではほどよい緊張感をもって、のびのびとすべ

▲スーパーGのメダルセレモニーで金メダルを掲げる狩野選手（写真右）。となりは、同じ種目で銀メダルを獲得した森井大輝選手（ソチパラリンピックにて）。

ることができました」

そして力を出しきり、結果は金メダル。とうとう世界のトップに立つことができました。

金メダル後の苦しみを乗りこえ2連覇を達成

日本にもどると、とつぜん多くの人から注目をされるようになりました。狩野選手自身も、目標を成しとげたという達成感がありました。そのためか、以前のように気持ちを集中させることができず、翌年からの試合で、まったく成績を残せなくなりました。

ソチパラリンピック（第11回冬季大会）の1年前。以前から尊敬していた森井大輝選手と一緒に出場した世界選手権で、森井選手が優勝、狩野選手は3位となり、一緒に表彰台に立ちました。一番上に立つ先輩を見上げたときにくやしさを感じ、勝負にかける熱い思いがやっとよみがえってきました。

4年に一度のパラリンピックは、どの選手にも特別な緊張があります。でも3回目のパラリンピック、その経験が大きく活かされ、狩野選手は落ち着いてレースにいどむことができました。

競技初日のダウンヒルのレースでは、難コースで途中棄権者が相次ぐなか、冷静にコースをよんで、後半に攻めていく作戦がピタリとはまり好記録を出して、優勝。続くスーパーGでも優勝をかざりました。冬季パラリンピックでは日本人選手としてはじめて、2大会連続の金メダルに輝きました。

私たちの活躍する姿をたくさんの人に見てほしい

日本のアルペンスキー選手の技術は世界でもトップクラス。狩野選手は、次のパラリンピックでの3連覇という夢を抱きながら、先輩から教えてもらった技術を、また後輩たちにもつなげていきたいと思っています。そうしてたくさんの日本選手が活躍することが、障がい者スポーツをより多くの人たちに理解してもらえるきっかけになると考えているからです。また、自分たちの姿をみて、子どもたちに感じてほしいことがあります。

「私もいろいろな経験をしてきたからこそ、今の自分があります。成功してもしなくても、結果が出ても出なくても、努力は必ず何かを自分に残してくれます。だから挑戦する気持ちをいつももっていてください」

● プロフィール

狩野亮
かのう あきら

1986年、北海道生まれ。小学校3年生のときに登校中の自動車事故で脊髄損傷し、車いす生活に。中学生で本格的にアルペンスキーをはじめ、3大会連続でパラリンピック出場。バンクーバー・ソチパラリンピックのスーパーGで、日本人選手としてはじめて2連覇を達成。

パラリンピック選手ものがたり

アルペンスキー
村岡桃佳選手

小さいころからスポーツが大好きだった村岡選手。陸上とスキーの練習に励み、高校2年生で冬のパラリンピックに出場しました。

▲チェアスキーを本格的にはじめてから、わずか数年でパラリンピック出場を果たした村岡選手。アルペン女子チームの期待の星。

スポーツが大好き
はじめは陸上競技に夢中

村岡選手は、4歳のときにかかった病気で下半身にまひが残り、車いす生活になりました。

小学校のころ、同じように障がいをもち、車いすに乗った子どもたちが集まるキャンプに参加しました。

「学校では、まわりの友だちとちがうことを意識してしまうのですが、キャンプではみんな一緒だと感じられました。だから、新しいことにも積極的に挑戦することができました」

車いすでのバスケットやテニス、陸上などさまざまなスポーツを体験しました。そのなかで村岡選手は、陸上競技に興味をもち、週末には陸上の練習に打ちこむようになりました。4年生の時にマラソン大会に参加し、いい成績をおさめて競技用の車いすをプレゼントされました。村岡選手は練習に熱中し、特に100メートルの短距離が得意になりました。

また、小学校3年生の冬に、陸上教室の友だちに誘われてスキーに初挑戦しました。これが村岡選手とスキーの出会いで、その後、年に数回、スキー場にも出かけるようになりました。

パラリンピックを夢見て 本格的にチェアスキーに挑戦

中学校2年生のとき、知り合いに誘われ、日本代表選手が合宿をしている菅平のスキー場に見学に行きました。コーチにすすめられ、村岡選手もコースをすべってみました。とても急な坂をおそるおそるすべり、何度も転んでやっとゴールまでたどり着くことができました。

「競技としてのスキーは、最初はあまり楽しいとは思いませんでした。それでもコーチが声をかけてくれるので、毎週末、父の車でスキー場に通うようになりました」

村岡選手は、陸上をはじめたときから「将来はパラリンピックに出場したい」という夢をもっていました。陸上競技にくらべ、スキーは競技人口が少なく、特にアルペンスキーの女子選手はあまりいませんでした。運動が得意でスキーも上手だった村岡選手に、まわりの人たちの期待がふくらみ、村岡選手もそれに応えたいと思うようになりました。

海外遠征をきっかけに 練習への取り組みに変化

高校1年生のとき、スキーの大会に出るために、アメリカのコロラド州へ行きました。2年後のパラリンピックに向けて、経験を積みながら、出場資格に必要なポイントをとることが目的でした。はじめての海外遠征、慣れない環境のなか、大会のコースはこれまで経験したことのないほどの急斜面でした。村岡選手は恐怖におそわれて、すべりはしたもののゴールにたどりつくのが精一杯で、まったく記録を残すことができませんでした。

しかしそのくやしさが、負けず嫌いの村岡選手の気持ちに火をつけました。

「絶対うまくなってやる！」

レースのあと、チームのみんなにそう宣言したのです。

この経験をきっかけに、練習にはげむ姿勢がグッと変わりました。ただすべるのではなく、1本、1本に集中し、コーチから注意されたことを頭に入れながらすべりました。アルペンチームの先輩たちも、難しい技術をていねいに教えてくれました。そうして村岡選手は、高校2年生で、アルペンスキーの日本代表選手として、ソチパラリンピック（第11回冬季大会）への出場が決まりました。

涙のあとに笑顔 はじめてのパラリンピック

村岡選手が出場するのはスーパーG、スラローム、ジャイアントスラロームの3種目。最初の種目はスーパーGでした。このシーズンのはじめに開かれた国際大会で2位に入った種目です。

村岡選手はレース前、いつも胸が苦しくなるくらい、とても緊張します。ところがこの日は不思議と緊張することがなく、リラックスしている自分がいました。レースがはじまり、気持ちよく次つぎと旗門を通過し、ゴール。

「やった！」と思ってゴール付近で見守ってい

▼アルペンチームの仲間たちと（写真右／黄色のユニフォーム）。チームの先輩たちも村岡選手の健闘を見守った。

た仲間たちを見ました。するとみんなが困ったような顔をしています。なんと途中の旗門をひとつ、通過せずにすべっていました。失格です。
「緊張していないと感じた時点で、いつもとは感覚がちがっていた、ふつうではなかったのだと思います」

その夜、ホテルでは涙がとまりませんでした。くやしい思いを抱えたまま、次にいどんだスローム。慎重にすべるあまりに記録がのびず、9位という結果でした。また、後悔が残りました。

そして最後のジャイアントスラローム。これまでの2戦の不完全燃焼を吹き飛ばすためにも、自分らしい攻めのすべりをしようと心に決めて、レースにいどみました。

1本め、6位で無事にゴール。2本めもさらに記録をのばし、5位入賞。とうとう自分の力を出しきることができました。メダルまではあと2秒の差でした。

勉強との両立で新たな目標も見つかった

はじめてのパラリンピックはくやしいこともありましたが、得るものもたくさんありました。そしてもっともっと、うまくなりたいと思いました。
「尊敬する男子チームの先輩たちみたいに、ダイナミックなすべりをするのが目標です」

まだまだ課題があるからこそ、目標に向かってがんばれるのです。また、村岡選手にはもうひとつ夢があります。
「陸上競技もがんばって、夏のパラリンピックにも出たいと思っています」

高校生(当時)のパラリンピアン。特にアルペン競技は、冬のシーズンには世界各地の大会に出なければならず、高校生だった村岡選手に

▲試合を観戦する観客たち。日本からもたくさんの応援がかけつけた（ソチパラリンピックにて）。

とって、学業との両立もたいへんでした。
「先生も、友だちも、欠席中の授業のノートなどをまとめてくれたり、とても応援してくれて、協力してくれました。父は毎週、菅平の練習場まで車を運転して連れていってくれました。たくさんの人の応援があるから私もがんばれます。私を支えてくれる人たちに感謝することを忘れずにいたいと思います」

村岡選手は2015年の春から早稲田大学に進学します。スポーツ科学部で障がい者スポーツや、スポーツと体のメカニズムの関係などを自分の経験を活かしながら勉強し、それを将来につなげていきたいと考えています。

●プロフィール

村岡桃佳
むらおか ももか

1997年、埼玉県生まれ。4歳のときに横断性脊髄炎を患い、下半身にまひが残る。小学校から車いす陸上をはじめる。中学2年生からアルペンスキーを本格的にはじめる。高校1年生から日本代表チームの合宿に参加して急成長。ソチパラリンピックではジャイアントスラロームで5位入賞を果たす。

パラリンピックを支える人のものがたり

アイススレッジホッケー
中北浩仁さん
日本代表チーム監督

アイスリンクで活躍する夢を、一度はあきらめた中北監督。
指導者という立場から、選手とともに再び世界に挑戦しています。

▼日本代表チームの強化合宿で、選手たちを指導する中北監督。

これこそスポーツ！
アイススレッジホッケーとの出合い

　中北監督は2002年から、アイススレッジホッケーの日本代表チームの監督をつとめています。これまで2回のパラリンピックに出場し、2010年のバンクーバーパラリンピック（第10回冬季大会）では、チームを銀メダルに導きました。
　中北監督は、もともとアイスホッケーの経験者で、高校生のころには本場のカナダに留学。しかし大学時代のケガで選手生命を絶たれ、その後はずっとアイスホッケーからは離れていました。
　あるとき、車いすバスケットの指導をしている会社の後輩から、「アイススレッジホッケー」という障がい者スポーツがあり、その日本代表チームの次期監督を探していると相談を受けました。アイスホッケーの経験者で、知識と技術をもち、さらに海外経験が豊富で英語が得意な中北監督が適任ではないかと、誘われたのです。

「はじめはアイススレッジホッケーがどんなものであるか、まったく想像もつきませんでした。話があって、どんなものかと見に行くと、自分が持っていたイメージとまったくちがっていました。まさしく、激しい、あのアイスホッケーと同じ世界、これはスポーツだと感動しました」

また中北監督自身、かつてはアイスホッケーのプロになる、日本代表選手になることを夢見ていました。ですから日本代表、パラリンピックという目標をもつことにワクワクする思いがあり、監督を引き受けました。

日本選手の強みを生かした指導を心がける

アイススレッジホッケーは、下肢（脚）に障がいのある人がおこなうスポーツですが、健常者がおこなうアイスホッケーとルールはほとんど変わりません。パラリンピックの強豪といわれるカナダ、アメリカ、ノルウェーなどでは、アイスホッケーのプロ指導者が監督やコーチにつくことが多く、そのたたかい方もアイスホッケーそのものです。

中北監督も、海外の強豪国とたたかうため、アイスホッケーを通して得た知識で戦略を練り、指導をおこなっています。

「日本の選手はどうしても、体の大きな外国選手には当たり負けしてしまいます。それを補うためには、相手の少しでも前に出ること。パックや相手選手の動き、スピードに反応し、位置取りを的確にすることでそれは十分に可能です。さらに日本選手の持久力はトップクラス。その強みを生かす試合運びが勝利に向けての方策です」

地元カナダに勝利して銀メダルを獲得

強く印象に残っているのが、バンクーバーパラリンピック（第10回冬季大会）準決勝のカナダ戦です。そのリンクは、中北監督が中学生のとき、はじめて海外での合宿に参加した場所でした。しかし相手のカナダは、監督になってから日本がまだ一度も勝ったことがない相手。さらに地元の大応援団がついています。

「1000回やっても999回は負けるだろう。でもこの試合を、1000分の1の勝つ日にしよう」

選手たちに声をかけると、「よし、勝つぞ！」

◀バンクーバーパラリンピックの予選にて、2対1でチェコに勝利した日本代表チーム。このあと日本は韓国戦で大勝し準決勝に進出。準決勝では優勝候補のカナダを相手に歴史的勝利をおさめた。

▲「少ないチャンスをものにできる決定力が必要」と語る中北監督。パラリンピックでチャンピオンになることを目指し、チーム一丸となって練習に励む。

という雰囲気で一気に盛り上がりました。試合は、第1ピリオドで1点リードされたのを第2ピリオドで追いつき、第3ピリオドの残り1分33秒でついに逆転をしました。

「これまで生きてきたなかで、これほど長かった1分33秒はありません」

なんとかそのまま攻撃をたえしのぎ、カナダ戦で歴史的勝利をおさめました。次の決勝戦ではアメリカにやぶれたものの、見事な銀メダルでした。

激しさと厳しさに立ち向かう
このスポーツの魅力を知ってほしい

アイススレッジホッケーは、パラリンピックでは世界選手権を勝ち抜いた8か国しか出場できません。日本は次のソチパラリンピック(第11回冬季大会)には、厳しい予選を勝ち抜けず、出場することができませんでした。

「日本は競技人口も少なく、練習環境もけっしてめぐまれたものではありません。しかしその中で世界の頂点に向かって努力する選手たちを私はとても尊敬し、一緒にがんばれることに喜びを感じています。アイススレッジホッケーは、とても激しく、厳しいスポーツです。その分、見ている人たちには驚きや感動をもたらします。ぜひもっと多くの人にアイススレッジホッケーを知ってもらい、カナダやアメリカのように、国民に支持され、愛されるスポーツに発展してほしいと願っています」

● プロフィール

中北浩仁
なかきた　こうじん

1963年、香川県生まれ。6歳からアイスホッケーをはじめ、プロをめざして海外留学。大学4年生の時にケガをして選手生命を絶たれ、帰国。2002年にアイススレッジホッケー日本代表チーム監督に就任。

さくいん

『まるわかり！パラリンピック 雪・氷のうえで競う！ 冬の競技』に出てくる、おもな用語をまとめました。見開きの左右両方に出てくる用語は、左のページ数のみ記載しています。

●大会名さくいん

あ

インスブルックパラリンピック
（1988年／第4回冬季大会）…………… 20

エンシェルツヴィークパラリンピック
（1976年／第1回冬季大会）………… 10, 16

さ

ソチパラリンピック（2014年／第11回冬季大会）
………… 11, 13, 14, 17, 21, 27, 39, 41, 45

ソルトレークシティパラリンピック
（2002年／第8回冬季大会）……………… 27

た・な・は・ら

トリノパラリンピック
（2006年／第9回冬季大会）……… 27, 32, 38

長野パラリンピック
（1998年／第7回冬季大会）…… 11, 26, 33, 37

バンクーバーパラリンピック
（2010年／第10回冬季大会）…… 27, 33, 38, 44

リレハンメルパラリンピック
（1994年／第6回冬季大会）………… 17, 20, 26

●項目さくいん

あ

アイススレッジホッケー………… 4, 26, 43
アウトリガー………………………… 11, 15
阿部友里香…………………………… 17
アルペンスキー………… 2, 10, 16, 25, 37, 40
エアライフル………………………… 23
遠藤隆行……………………………… 27

か

ガイド……………………… 11, 12, 18, 24
狩野亮………………………………… 37
久保恒造…………………………… 17, 20
クラシカル（クロスカントリースキー）……… 19
クラシカル走法……………………… 19
クラス………………………………… 12
車いすカーリング………………… 5, 32
クロスカントリースキー………… 3, 16, 20, 25
計算タイム制…………………… 14, 19
係数…………………………… 12, 14, 19

さ

シート………………………………… 35
シッティング・カテゴリー……… 12, 15, 18, 23
シットスキー……………………… 17, 21, 23
ジャイアントスラローム

（大回転／アルペンスキー）･･････････ 10, 13, 14
射撃･････････････････････････････････ 20
しゃげき
ショート（バイアスロン）･･････････････ 22
スイーピング････････････････････････ 34
スーパーコンバインド
（スーパーコンビ／アルペンスキー）･･･13, 14
スーパーG
ジー
（スーパー大回転／アルペンスキー）･･･････13, 14
だいかいてん
鈴木猛史･････････････････････････････ 11
すずきたけし
スタンディング・カテゴリー･･･････ 12, 18, 23
スティック････････････････････････ 26, 30
ストーン･･････････････････････････ 32, 36
スノーボードクロス･･････････････････ 14
スプリントフリー
（クロスカントリースキー）･･･････････ 19
スラローム（回転／アルペンスキー）･･･ 10, 13, 14
かいてん
スレッジ･･････････････････････････ 26, 30

た

ダウンヒル（滑降／アルペンスキー）･･･13, 14
かっこう
谷口彰･･･････････････････････････････ 10
たにぐちあきら
チェアスキー･････････････････････ 11, 12, 15
デリバリー･･････････････････････････ 34
デリバリースティック････････････････ 34, 36

な

中北浩仁････････････････････････････ 43
なかきたこうじん
新田佳浩････････････････････････････ 16
にったよしひろ
ノルディックスキー･････････････････ 16

は

バイアスロン･･････････････････ 4, 20, 25
ハウス･･･････････････････････ 33, 35, 36
パック･･･････････････････････････････ 26
ビームライフル････････････････････ 23, 24
ビジュアリーインペアード・カテゴリー
･･････････････････････････ 12, 18, 23, 24
ファン・ヨンデ功績賞･･････････････ 27
こうせきしょう
フリー（クロスカントリースキー）･････････ 19
フリー走法･･････････････････････････ 19
そうほう
ペナルティ･････････････････････････ 21, 22
ボディチェック･･････････････････････ 26, 30

ま

ミドル（バイアスロン）････････････････ 22
村岡桃佳････････････････････････････ 40
むらおかももか

ら

リレー（クロスカントリースキー）･････････ 18
ロング（バイアスロン）････････････････ 22

● **監修**

公益財団法人 日本障がい者スポーツ協会

パラリンピック東京大会を契機に、国内の身体障がい者スポーツの普及、振興をはかる統括組織として「財団法人日本身体障害者スポーツ協会」の名称で、昭和40年に設立。平成11年、三障がいすべてのスポーツ振興を統括し、選手の育成、強化をになう統括組織として「財団法人日本障害者スポーツ協会」に組織名を改称するとともに、協会内部に日本パラリンピック委員会を創設。平成23年に内閣府認定のもと公益財団法人として設立登記。名称を「公益財団法人日本障がい者スポーツ協会」に改称する。

- ● 装丁・デザイン　鷹觜麻衣子
- ● ＤＴＰ　スタジオ ポルト
- ● イラスト　坂川由美香　高山千草
- ● 執筆協力　桑名妙子
- ● 校正　小石史子
- ● 編集制作　株式会社童夢

● **写真提供・撮影**

有限会社エックスワン

● **取材協力**

狩野亮

株式会社マルハン

村上桃佳

中北浩仁
日本アイススレッジホッケー協会

日本パラリンピック委員会加盟競技団体

まるわかり！ パラリンピック ●全5巻●

パラリンピックってなんだろう？

スピード勝負！　夏の競技①
車椅子バスケットボール・水泳　ほか

チームでたたかう！　夏の競技②
サッカー・ゴールボール　ほか

限界をこえる！　夏の競技③
陸上競技・ボッチャ　ほか

雪・氷のうえで競う！　冬の競技
アルペンスキー・アイススレッジホッケー　ほか

全巻セット定価：本体14,000円（税別）
ISBN978-4-580-88479-3

まるわかり！ パラリンピック

雪・氷のうえで競う！ 冬の競技
―アルペンスキー・アイススレッジホッケー ほか―

NDC780　48P　28.6 × 21.7cm

2015年2月25日　第1刷発行
2020年3月30日　第4刷発行

- ● 監修　公益財団法人　日本障がい者スポーツ協会
- ● 発行者　佐藤諭史
- ● 発行所　文研出版
  〒113-0023 東京都文京区向丘2-3-10　電話03-3814-5187
  〒543-0052 大阪市天王寺区大道4-3-25　電話06-6779-1531
  https://www.shinko-keirin.co.jp/
- ● 印刷・製本　株式会社太洋社

© 2015 BUNKEN SHUPPAN Printed in Japan　ISBN978-4-580-82253-5 C8375

本書のコピー、スキャン、デジタル化等の無断複製は著作権法上での例外を除き禁じられています。本書を代行業者等の第三者に依頼してスキャンやデジタル化することは、たとえ個人や家庭内の利用であっても著作権法上認められておりません。
乱丁・落丁本はお取り替えいたします。